Stress

1

Sommario

2

Introduzione

Ormai chiunque si definisce "stressato"; è un termine molto utilizzato, che nel parlato significa che si prova uno stato di stanchezza, agitazione e non voglia di fare. In effetti lo stress ormai colpisce chiunque, persino i bambini.

Tutta la serie di fatti che si susseguono nella quotidianità, vengono riconosciuti come molto stressanti o poco stressanti, a seconda delle condizioni emotive e mentali in cui si trova la persona che li vive, (recarsi a scuola, sul posto di lavoro, andare al supermercato a fare la spesa, una morte, malattia o separazione coniugale). Un evento spiacevole che può accadere; è che lo stress non venga percepito solo come un disagio, ma diventi qualcosa che si riflette nel tempo, a livello "visibile" nell'organismo, sotto forma di disagi o patologie. Può essere definito in vari

6

modi; si parla di "reazione di allarme" che considera questo fenomeno come una stimolazione di livelli interni che possono raggiunger un livello critico, cioè la soglia massima di pressione che l'organismo può sopportare.

È un fenomeno complicato ed inevitabile, non sempre però con valenza negativa. Solitamente si è portati a farlo coincidere con una sensazione di malessere, tensione, preoccupazione, ansia ma è, in realtà, un meccanismo utile per l'adattamento di ciascun individuo.

Ogni volta che si va ad affrontare una nuova situazione, si genera stress. Una persona si ritrova in una situazione stressante quando valuta un evento che si presenta nella sua vita come negativo e pericoloso per il suo l'equilibrio mentale e fisico; viceversa, quando l'interpretazione dell'evento è positiva si crea una situazione chiamata eustress.

Eustress e Distress sono due varianti che derivano da percezioni differenti degli stimoli che si ricevono; il distress è ciò che è in generale più conosciuto, ovvero la concezione comune del termine stress.

Diversi studi hanno mostrato il modo in cui lo stress va a coinvolgere tutti i componenti dei sistemi di risposta dell'organismo umano; intacca l'area:

- Cognitivo verbale: riguardano i disturbi delle abilità di pensiero e delle risposte emotive ai fattori che generano stress. (rabbia, ansia, depressione, demoralizzazione, sensi di colpa, difficoltà di concentrazione, perdita del controllo).
- Meta verbale: indicatori di reazioni a stati di stress (mimica facciale, gestualità, postura).
- Fisiologica: le reazioni fisiologiche riguardano i cambiamenti che

avvengono all'interno dell'organismo in seguito all'avvio del sistema nervoso simpatico e di quello endocrino (tachicardia, dolori allo stomaco, formicolii ecc.)

- Motoria comportamentale

Una forma singolare di stress è quella definita "burnout"; è caratteristica da un ambiente lavorativo pesante, una scarsa realizzazione professionale e un forte esaurimento di tipo mentale.

Lo stress prende nomi diversi a seconda delle sue caratteristiche; abbiamo:

- Disturbo post traumatico generato dallo stress
- Problemi di adattamento
- Disturbo acuto da stress

9

- Elementi psicologici che condizionano una situazione medica

Il disturbo acuto da stress, e lo stress post traumatico, hanno come caratteristica l'esistenza di un elemento che genera fastidio molto pesante, e la manifestazione di molti sintomi. Il disturbo d'adattamento può invece essere causato da un fattore di qualsiasi livello di gravità e comprende moltissimi sintomi diversi.

Nella classificazione dei fattori mentali che Influenzano una condizione medica, i sintomi psicologici e comportamentali complicano una condizione medica generale ed il suo trattamento. Nel caso del disturbo d'adattamento le cose vanno al contrario; i disturbi psicologici si generano in seguito alla scoperta della malattia.

Se vogliamo andare ancora più a fondo possiamo notare che lo stress è qualcosa di molto complesso, che fa riferimento a situazioni differenti tra loro.

Diversi studi hanno dimostrato che non solo gli eventi traumatici di grande impatto (guerre, torture, catastrofi naturali), ma anche i problemi quotidiani della vita (matrimonio, divorzio, licenziamento, problemi familiari); sono in grado di causare un forte stress.

Per tenere sotto controllo questa patologia vengono proposte diverse tipologie di intervento; le più utilizzate sono le modalità di rilassamento accoppiate con qualche seduta di psicoterapia, al fine di uscire dal disturbo rapidamente.

Tra le tecniche di rilassamento le più conosciute e efficaci sono quella del "rilassamento muscolare progressivo" di Jacobson e il training autogeno (tecnica frequentemente usata in ambito clinico per gestire le emozioni, l'asia e lo stress).

11

Capitolo I

Definizione

Lo stress è la risposta che il nostro corpo ci da quando percepisce come eccesivi i vari impegni emotivi, sociali, fisici e cognitivi. Fare troppe cose insieme, lavorare per troppe ore, correre da un impegno all'altro, sono solo alcune delle motivazioni che provocano dei seri disturbi da stress.

Può essere definito come la risposta dell'organismo a tutti gli stimoli esterni, che riceve in continuazione; ogni singolo giorno. Secondo il modello di Selye il percorso stressogeno è composto da tre parti ben individuabili:

13

- Fase di allarme: la persona interessata si rende conto di dover svolgere moltissimi doveri in poco tempo, e mette in azione tutte le risorse di cui dispone per portarli a termine. Si affanna per non lasciare indietro niente.
- Fase della resistenza: il soggetto si abitua al nuovo stato in cui si trova, alla nuova mole di richieste che deve gestire. Cerca di obbligarsi a seguire i nuovi ritmi, imponendoli all'organismo.
- Fase di esaurimento completo: quando si tira troppo la corda le difese cadono, e si manifestano tutta una serie di sintomi fisici e psicologici poco piacevoli. Il corpo umano ha i suoi limiti che non possono essere superati; bisogna individuarli, capirli, ed accettarli.

In base alla sua durata, l'evento che causa stress, può essere diviso in due categorie:

- Acuto: entra in azione come un caso isolato, per una tempistica breve e limitata.
- Cronico: quando l'evento stimolante ha una durata medio-lunga.

Lo stress cronico può essere a sua volta suddiviso tra:

-stress cronici propriamente detti: sono situazioni di luna durata che interessano tutta la vita della persona. Diventano un vero problema quando sono d'intralcio e ostacolo al perseguimento degli obiettivi prestabiliti.

-stress cronici intermittenti: si manifestano con una tempistica regolare, hanno durata contenuta e sono abbastanza prevedibili.

È molto importante anche la natura dello stressor, oltre che alla sua durata:

- Stressor benefici: (eustress), danno vita all'organismo rendendolo più reattivo.
- Stressor nocivi: (distress), portano a un indebolimento delle difese immunitarie e dell'organismo in generale.

Lo stress può essere generato da:

- Fattori ambientali: vicini numerosi, non avere una casa, inquinamento acustico e dell'aria.
- Eventi della vita che sono piacevoli ma anche spiacevoli sotto certi versi: un esempio può essere l'arrivo di un bambino all'interno della famiglia, un matrimonio, la morte di un parente o di qualcuno a cui si vuole bene, problemi in ambito sessuale, pensionamento, ecc…
- Cataclismi: tragedie naturali fuori dal controllo dell'uomo, come tzunami, terremoti ecc…
- Malattie: quando siamo malati l'intero corpo e l'organismo, si pongono sull'attenti; con lo scopo finale di difendersi. Questo genera un grandissimo stress.

17

- Motivi fisici: caldo afoso o freddo pungente, eccesso di fumo e alcool, problemi nei movimenti.

Il disturbo da stress, può essere spiegato in tanti modi diversi. Per esempio in inglese significa tensione, sforzo; ma in ambito psicologico-medico, gli sono assegnati molti altri significati diversi; vediamo quali sono:

- È uno stimolo non positivo che può provenire dall'interno o dall'esterno, di tipo sociale o fisico che esercita una forte influenza prolungata nel tempo. È una definizione che non prende in considerazione l'organismo.
- L'insieme di diversi stimoli fisici e sociali, e dei risultati che da essi derivano. L'interesse viene spostato sulle reazioni dell'organismo in questo caso.
- Lo stress è una forma di stimolazione con la "reazione di allarme"

Il nostro corpo è progettato per reagire allo stress e affrontarlo; può però succedere che se non viene gestito e curato in breve tempo, e diventa quindi duraturo e forte; può causare dei sintomi non molto piacevoli quali:

- Dolori di stomaco,
- Mal di testa (emicrania),
- Aumento della pressione,
- Disturbi del sonno,
- Dolori allo sterno.

Può anche degenerare e quindi peggiorare, diventando tipi di malattie più gravi, come per esempio la depressione.

Oltre ad andare a agire sulla salute può anche portare il soggetto che ne soffre a fare un uso spropositato di alcool, fumo o sostanze stupefacenti; per cercare una sorta di sollievo dal malessere. Nonostante sembri che queste sostanze aiutino a sentirsi meglio e a rilassarsi; in realtà mantengono il nostro organismo ancora di più in una condizione di stress. Non è quindi assolutamente ciò che è necessario per ritrovare serenità.

Uno stato di stress cronico può andare ad influire negativamente su molti aspetti della vita del soggetto che ne soffre; andando a coinvolgere salute, comportamenti e sfera emozionale.

Secondo un punto di vista prettamente emotivo, si manifesta nei seguenti modi:

- Agitazione, insoddisfazione e cambiamenti d'umore rapidi
- Propensione all'isolamento e all'evitare conversazioni e relazioni con altri soggetti

- Bassa autostima, depressione, solitudine, stato di constante angoscia
- Difficoltà nel rilassamento
- Sensazione di stare perdendo la ragione, ed il controllo, sulla situazione che si sta vivendo.

I sintomi fisici più comuni che si manifestano, sono invece:

- Dolore alla nuca
- Insonnia e problemi del sonno in generale
- Mancanza di energie
- Dolori allo stomaco e disturbi intestinali come nausea, costipazione e diarrea
- Influenze e raffreddori frequenti
- Agitazione e nervosismo
- Contrazioni e tensioni a livello muscolare

21

- Digrignamento involontario della dentatura
- Sudorazione consistente
- Difficoltà di deglutire per via della bocca secca e di una bassa salivazione
- Diminuzione del desiderio sessuale
- Forti dolori al petto e tachicardia
- Fischio nelle orecchie
- Mani e piedi freddi

Capitolo II

Stress post traumatico

È una condizione di disturbo che si va a manifestare nella vita di persone che hanno vissuto esperienze traumatiche (morte, tortura, lesioni, catastrofi). Il soggetto interessato ha reagito al trauma non nel migliore dei modi; manifestando una forte paura, senso di impotenza e terrore.

Gli eventi che vengono più comunemente ritenuti causa di traumi sono:

- Venire rapiti o sequestrati
- Vivere catastrofi naturali come terremoti, inondazioni, incendi
- Violenza sessuale
- Tortura

- Incidenti stradali
- Essere andati in guerra
- Aver visto un cadavere
- Aver visto qualcuno morie o venire ucciso

I sintomi di questo problema sono diversi e possono essere dividi in tre gruppi principali:

- Le modalità attraverso cui viene rivissuto dal soggetto l'evento possono essere varie: pensieri, flashback, immagini, percezioni sensoriali, sogni ricorrenti, visualizzazioni mentali, grande sofferenza psicologica quando si presentano elementi che richiamano il ricordo del trauma.
- Il fatto di evitare sempre elementi, azioni e oggetti che riconducono all'evento traumatico; e la riduzione della reattività (questo tipo di azioni si

manifestano con sforzi quasi ridicoli per evitare a tutti i costi sia in modo mentale che fisico, di ricordare cose associate al trauma). I ricordi possono riaffiorare attraverso nomi, luoghi, oggetti ecc…

Abbiamo in questa situazione:

-Sentimento di estraneità e distacco nei confronti di tutte le altre persone, diminuzione dell'affettività e incapacità per provare sentimenti, come l'amore per chiunque.

-Problemi con la memoria. Difficoltà nel ricordare il momento del trauma

-Allontanamento e riduzione delle prospettive di vita future: il trauma è talmente grave che si crede di non poter più avere una vita normale.

- L'aumento del grado di attenzione degli individui che hanno subito un trauma si manifesta attraverso: difficoltà di concentrazione, irritabilità, iper sorveglianza, problemi a scivolare nel sonno, e a dormire per più ore di fila.

I sintomi sopra elencati includono tutti quelli che si possono manifestare con questo disturbo; per accertarsi che si soffre di questa malattia, non è indispensabile la presenza di tutti i punti, ma solo quella di alcuni. Si può decretare l'esistenza di problemi di tipo post traumatico, se i sintomi persistono per almeno un mese e portano a un'interferenza della normale vita nel soggetto, sia nell'ambito lavorativo che sociale.

Molte delle persone che hanno vissuto o subito un evento traumatico soffrono della sindrome; non tutte però, una piccola parte ne è indenne.
Per capire la differenza tra queste due tipologie di soggetti sono stati effettuati degli studi; i fattori che hanno maggiore impatto sull'uomo sono quelli legati all'intensità del trauma e il livello di supporto sociale ricevuto. Fondamentali sono i fattori che fanno riferimento, e si

ricollegano a precedenti disturbi psichiatrici o esperienze di vita particolari. Importanti sono anche delle variabili base, come l'educazione, il genere, il grado di istruzione ecc..

Capita spesso che i soggetti che soffrono di disturbo post traumatico abbiano anche altre complicazioni. È importante individuare, quali tra i disturbi di cui il soggetto soffre, fossero già presenti prima dell'evento traumatico, e quali siano apparsi solo in seguito. I problemi che di solito insorgono in concomitanza col DPT sono di tipo affettivo, l'abuso di sostante stupefacenti e alcool, problemi con l'ansia.

Le patologie che di solito si individuano prima dell'evento traumatizzante, sono disturbi che riguardano fobie specifiche e sociali. Il disturbo di panico si manifesta nel momento dell'evento traumatico, mentre gli altri problemi arrivano poi successivamente, una volta che il momento è passato.

Studi effettuati su veterani, reduci di guerra, sopravvissuti ad attacchi terroristici, bombardamenti; hanno dimostrato l'alto grado di cronicizzazione del problema nei soggetti che non si sottopongono a un percorso di terapia e cura.

Facciamo un esempio. Moltissimi dei prigionieri dei campi di concentramento della seconda guerra mondiale avevano avuto conseguenze mentali devastanti; soffrivano di un disturbo post traumatico pesantissimo; solo in pochissimi erano guariti completamente. Gli altri trascinavano il problema senza riuscire ad uscirne. Non c'era alcun tipo di miglioramento perché la situazione non veniva trattata e gestita a dovere.

Per capire quali sia la diagnosi e la strada migliore da percorrere per aiutare il soggetto è fondamentale valutare a fondo il tipo di trauma subito, le conseguenze che ha causato e anche il tipo di personalità del paziente. In base al fatto che si tratti di un trauma che ha avuto luogo in una fascia temporale breve (per esempio una violenza sessuale), o in un arco di tempo ampio (un sequestro); i danni possono essere lievi o complessi.

Dipende poi sempre molto dal soggetto che ci si trova di fronte; ognuno affronta i problemi e li supera in modo diverso e con tempi diversi. Ogni caso è unico e a se stante.

Il disturbo post traumatico è ampiamente diffuso tra le persone che sono state esposta ad eventi molto traumatici. È un problema che può diventare cronico se non trattato nel modo giusto.

Le terapie che vengono usate per raggiungere la guarigione mentale sono di solito di due tipi:

- La **psicoterapia psicodinamica**
- Le **terapie cognitivo-comportamentali**

I percorsi sopra elencati comprendono metodi di desensibilizzazione, modalità di gestione dell'ansia, tecniche di rilassamento, auto dialogo guidato, desensibilizzazione oculare (si chiede al soggetto in cura di focalizzarsi su un'immagine precisa che lo riconduce all'evento traumatico, creandogli disagio e paura; deve poi seguire le

indicazioni del terapeuta per superare il trauma)
, sonora e olfattiva.

Esistono poi delle modalità d'azione dette
"interventi preventivi"; si va a lavorare sul
paziente immediatamente dopo il verificarsi
dell'evento. (Questa tipologia di cura si chiama
di "debriefing").

Un problema che solitamente insorge è quello
dell'abbandono del programma di cura, spesso
da parte dei soggetti più disturbati, che soffrono
di più. Questo è un problema molto grave che
riguarda tutti i percorsi terapeutici di guarigione.
In alcuni casi la terapia attraverso immagini e
stimoli sembra non essere efficace per quella
tipologia di pazienti, che oltre ad un forte dolore
derivante dal trauma, prova anche vergogna. Il
soggetto tende a nascondersi perché non vuole
affrontare il problema, prova un forte disagio e
senso colpa. Il migliore modo d'agire è dargli
tempo, prolungando le dinamiche della terapia e
della guarigione; facendo anche in modo, con
pazienza, di creare un ambiente protetto che lo

faccia sentire a proprio agio e al sicuro. Questo dimostra che oltre al fatto dannoso in sé, è essenziale tenere sempre conto del paziente che si ha difronte, del suo carattere, della sua emotività e del suo modo interiore di liberare il trauma.

Parlando di farmaci, di solito, si fa ricorso a antidepressivi triciclici per archi temporali molto brevi; ciò che è fondamentale in questo percorso è la terapia e il rapporto dottore-paziente. I farmaci sono solo un aiuto iniziale per superare le prime fasi di dolore e disagio.

Capitolo III

I vari disturbi dello stress

I disturbi che si manifestano più frequentemente legati allo stress sono:

- Cefalea (emicrania)
- Asma bronchiale (crisi respiratorie, affanno)
- Problemi dermatologici (per esempio l'orticaria; il corpo non sapendo come scaricare lo stress lo somatizza con l'eruzione cutanea)
- Disturbi cardiocircolatori

MAL DI TESTA

Con il termine cefalea si intende un forte dolore alla nuca; è un disturbo causato da molti fattori diversi.

Le possibili cause possono essere la presenza di tumori, ematomi, problemi gastrici, ipertensione. Altri fattori che vanno ad incidere in modo significativo su questo disturbo sono quelli psicologici (cefalee funzionali).

Vediamo le diverse tipologie di malattia che si possono incontrare con questo tipo di sintomo:

- Dolori alla testa senza aura e con aura
- Mal di testa epatobiliare.
- Cefalea di tipologia a grappolo
- Cefalea di tipo tensivo: collegata ad elementi di tipo psicologico; interessa per la maggior parte donne e risulta comune tra i soggetti che dichiarano di avere mal di testa ricorrenti.

In generale la cefalea è legata ad abitudini, come per esempio l'assunzione di cibi pesanti (cioccolato, formaggi ecc..), il vizio del fumo e l'abuso di sostanze contenenti alcool.

Anche i più giovani possono essere colpiti da cefalee e emicrania. Le seconde si manifestano all'improvviso e sono rappresentate da un forte pallore, nausea, vomito; questo tipo di disturbo tende a comparire in casi di eccessivo sforzo mentale.

La cefalea può invece essere considerata come la manifestazione di un mix tra angoscia e paura dovute da determinare situazioni (es. esami, gare sportive, interrogazioni, verifiche); e dal desiderio di avere successo. Spesso i bambini che soffrono di questa patologia vivono situazioni familiari difficili (i genitori magari sono in fase di separazione e divorzio).

PROBLEMI DERMATOLOGICI

La pelle ha moltissime funzioni; sensoriali, di espressione emozionale, escretorie e di protezione; si suole di fatto dire che le emozioni si sento a pelle.

Tipiche manifestazioni di problemi dermatologici son:

- Aumento della sudorazione (iperidrosi),
- Odore sgradevole per via di un'eccesiva sudorazione (ircismo),
- Pallore in volto,
- In seguito a una forte sensazione di freddo, il raddrizzamento della peluria corporea (orripilazione).

Possiamo vedere quattro tipologie diverse di sintomi che si individuano osservando la pelle (si manifestano tramite essa):

- La cute è l'area più superficiale, e quindi visibile dell'intero organismo, può essere un luogo di conflitti interiori che intercorrono tra l'imbarazzo e la paura di mostrarsi, e la voglia invece di farlo.
- Stati di forte stress e ansia possono manifestarsi direttamente attraverso l'epidermide (tramite la variazione del diametro dei vasi sanguinei, la pelle cambia colore).
- La pelle può essere considerata una difesa, uno scudo per proteggersi da impulsi muscolari repressi. Può manifestarsi della dermatite.

38

- La pelle è una zona sensibile, erogena; se non viene stimolata possono avvenire delle variazioni della cute.

I disturbi dermatologici più comuni, legati a cause psicologiche sono:

- Dermatite auto provocata: è generata in modo inconsapevole dal soggetto in momenti in cui dorme o è concentrato. È la conseguenza dell'accumulo di pensieri e sentimenti aggressivi, verso persone importanti per la persona che ne soffre.
- Prurito: è una trasposizione sulla cute di un disagio interno, l'aggressività viene manifestata sotto forma di masochismo quando non è determinato da cause organiche effettive.

39

- Orticaria: quado non è causata da problemi fisici (come un'intossicazione alimentare), sembra il modo in cui l'organismo scarica la tensione accumulata che non saprebbe sennò dove indirizzare.

Nei bambini si riscontrano disturbi della sfera infantile come l'eczema del neonato o l'alopecia (una condizione che può colpire anche gli adulti).

-L'alopecia: i sintomi sono la perdita dei capelli o dei peli in aree dove prima erano presenti. Di solito questa malattia viene associata a perdite simboliche o reali; per esempio si manifesta in bambini abbandonati dai genitori. Nel caso in cui mancassero cause di questo tipo i disturbi sono allora la conseguenza di stati di forte stress e angoscia non espressa; che va a sfogarsi come può; in questo caso con la perdita di peli e capelli.

-L'eczema del neonato: è un problema che si presenta entro i primi tre mesi di vita del bambino sotto forma di lesioni che prendono l'aspetto di croste, secrezioni caratterizzate da un forte prurito. Intacca maggiormente le zone di collo e guance, ma può andare a diffondersi in tutto il corpo. In via generale l'eczema si riassorbe da solo entro il secondo anno di vita. In alcuni casi questa malattia può essere abbinata a qualcosa di più grave: l'asma bronchiale.

L'ASMA BRONCHIALE

È una malattia dell'apparato respiratorio; è caratterizzata da crisi con spasmi, tachicardia e affanno. Le sensazioni percepite dal soggetto non sono affatto piacevoli; sono simili al soffocamento. I motivi che possono scatenare questo tipi di crisi sono vari; quelli maggiormente riconosciuti hanno origine allergica, emozionale ed infettiva.

Il pelo di animale o la polvere (allergeni), possono provocare dispersione di istamine; sostanze che vengono rilasciate durante le crisi allergiche. Provocano ristringimento bronchiale e i classici sintomi di una crisi asmatica. È anche possibile che queste crisi si manifestino in assenza di allergia.

L'asma è una malattia che fa capolino già nell'infanzia, intorno al terzo anno di vita; giunti alla pubertà diversi casi di asma scompaiono, altri persistono anche nell'età adulta.

Esiste un particolare tipo di malattia detta bronchite asmatiforme che va a colpire i neonati nei primi mesi di vita e solitamente sparisce intorno ai tre anni. Ciò che caratterizza questa patologia è il fatto che i neonati apparentemente non dimostrano disturbi respiratori, appaiono allegri, tranquilli, e a loro agio anche con sconosciuti.

Il bambino che ha più di tre anni e soffre d'asma è in linea generale un soggetto calmo, buono, ma a tratti ansioso. Questa patologia è spesso legata a ansia da prestazione scolastica. Al contrario, in altri casi, il bambino prende la malattia come scusa per ribellarsi, fare capricci e attirare costantemente l'attenzione dei genitori. Questo è un modo di manifestare il loro disagio che si può correlare al pianto del neonato.

PROBLEMI CARDIOCIRCOLATORI

Per capire la relazione che intercorre tra problemi di tipo cardiaco e stress, bisogna tenere in considerazione le prime sperimentazioni che richiesero l'utilizzo di animali. Tra queste emerge in modo particolare uno studio che venne fatto su dei topi cresciuti in stato di isolamento totale, e che poi vennero portati in una gabbia insieme a dei loro simili. I risultati mostrarono che ci fu un considerevole aumento di pressione per i topi cresciuti in isolamento, e che invece questo dato non era rilevabile in quelli sviluppati in condizioni di normalità.

E' stato rilevato che negli esseri umani, fra coloro che soffrono di disturbi cardiaci, la maggior parte svolge dei lavori stressanti, mentalmente estenuanti e vivono in grandi città metropolitane. È emerso che, in realtà non è tanto la tipologia di lavoro a portare allo stress, ma il modo in cui questo viene vissuto e come viene poi trattato e curato lo stress.

Esistono studi che si occupano della correlazione tra rischio per la salute e personalità del soggetto.

Possiamo individuare due tipologie di personalità distinte:

- A: Una personalità di questo tipo vive col costante obiettivo di ottenere in tempi ridotti buoni responsi dall'ambiente circostante, anche se questo significa scontrarsi con blocchi di diversa natura (oggetti o esseri umani). Gli scontri presentano degli aspetti caratteristici: Esagerata frenesia, creazione di tensione competitiva per raggiungere il successo, ostilità e aggressività nei confronti di chi cerca di mettergli il bastone tra le ruote. Durante gli studi per individuare i soggetti con personalità A chiesero tra i partecipanti chi veniva giudicato come competitivo e stakanovista; e chi mangiava troppo in fretta. Gli individui A erano soliti svolgere i loro compiti molto velocemente e non seguendo gli ordini forniti dal responsabile, vogliono avere il controllo della situazione e si indispettiscono se le cose non vanno come dicono loro. I soggetti di tipo A tendono a ricercare spesso il confronto e lavorare in team li aiuta a spronarsi e a cercare di fare sempre meglio.

- B: i soggetti di tipo B, rispetto a quelli A che preferivano concentrarsi sui traguardi scolastici e lavorativi ed avevano obiettivi più ambiziosi, erano più portati per il sociale e per le attività ricreative dove si stava a contatto con le persone.

Si è notato che i soggetti di tipo A siano più predisposti ad un aumento di pressione, nel momento in cui devono affrontare un lavoro o un compito e che, in modo direttamente

46

proporzionale alla difficoltà dello stesso, aumenterà la loro frequenza cardiaca. Infatti degli studi hanno evidenziato che nei soggetti A ci siano il doppio delle possibilità, rispetto a quelli B, di soffrire di disturbi cardiaci.

Quando si riesce a determinare la motivazione alla base di un disturbo, si cerca di individuare un meccanismo in grado si prevenirlo; spesso però dopo che si è venuti a conoscenza di una metodologia curativa non si ha sempre la certezza che questa vada a buon fine. Ad esempio colui che individuò il rischio di malattie cardiache nei soggetti, tentò di cercare di far modificare loro il proprio stile di vita. Questo tentativo, però, non ebbe risultati, in quanto solitamente questi individui, rispetto a quelli B, proprio perché lavorano più duramente, avranno più successo nel mondo del lavoro; perciò avranno un alto prestigio e di conseguenza non vorranno cambiare i propri ritmi di vita, perché hanno visto che fruttano ottimi risultati. Infatti,
47

per loro dover cambiare una tipologia di sopravvivenza che hanno potuto riscontrare essere di successo, sarebbe solamente un alto motivo di stress.

Capitolo IV

Come curare lo stress

Alti livelli di stress possono essere ridotti facendo ricorso meditazione, sedute di rilassamento, psicoterapia cognitiva comportamentale e neurofeedback.

Le varie tecniche di rilassamento servono per imparare a gestire e controllare la propria mente e il proprio corpo. Una volta che si apprende come governare se stessi si può andare a curare lo stress; essendo in grado di raggiungere un livello di rilassamento profondo, e di lasciare andare via le tensioni.

Una tra le migliori cure da scegliere è la psicoterapia cognitivo comportamentale; permette al soggetto di imparare diversi metodo

49

per saper gestire l'ansia e modificare in meglio comportamenti non funzionali.

Questo tipo di cura si concentra sul presente, in modo tale da poter considerare l'insieme dei comportamenti esterni ed interni del soggetto da modificare per poter eliminare lo stress. La cura del disturbo da stress viene quindi personalizzata in base alle carenze e ai punti di forza del soggetto che vuole risolvere il suo problema. È importante prendere in considerazione tutti gli eventi che precedono e seguono il trauma. Per prima cosa si vanno ad individuare e analizzare i pensieri ricorrenti e gli schemi che portano al divagare dello stress. Dopo di che si va a sistemare ed arricchire i pensieri e gli schemi del paziente; al fine d i renderli funzionali e indirizzati al raggiungimento di un benessere mentale e fisico del soggetto in cura.

Lo stress comporta delle reazioni somatiche che possono portare a conseguenze come comportamenti ormonali. La risposta a questo disturbo è fondamentale da parte dell'organismo; è come un attacco difensivo nei confronti degli stressor; se non ci fosse potrebbero nascere gravi problemi.

Un elemento importantissimo per la cura dello stress è la persistenza dell'attivazione fisiologica. Questa dipende:

- Da questioni genetiche (parametri biologici)
- Da meccanismi di difesa presi in atto dal soggetto

- Dalle caratteristiche dell'evento che genera stress (stressor)

-

Gli interventi possono essere di due tipologie:

- mirati alla risposta
- mirati agli stimoli: tendono a modificare gli stressor una volta che li hanno individuati. Se per esempio la causa dello stress è un carico di lavoro troppo sostanzioso, l'intervento necessario potrebbe consistere nel prendere una vacanza o ridurre l'orario lavorativo se possibile. Cambiare la situazione non è però sempre così semplice. Quando il fattore che genera stress è un elemento interno all'individuo la situazione si fa difficile. Prendiamo il caso in cui ci troviamo di fronte ad un conflitto interiore.
Le terapie che vengono seguite per

risollevare il problema vanno alla ricerca della cosa specifica che scatena questa condizione.

La psicoanalisi e tutti gli altri tipi di interventi terapeutici portano ad intervenire sugli stimoli emozionali. Non sempre però è semplice andare ad agire sul problema ed ottenere dei risultati. Le terapie non sono una scienza esatta, ma vanno a tentativi, per capire quale sarà il modo migliore di agire nei confronti del paziente. A volte creano problemi perché sono molto costose e di conseguenza difficilmente realizzabili.

53

I medicinali vanno ad agire in via diretta sul problema dell'umore risolvendo rapidamente il disturbo. Quando dopo l'assunzione dei farmaci la risposta che si ha sull'organismo non è quella desiderata, è possibile provare nuove combinazioni di sostanze con quantità differenti per capire cos'è che fa al caso nostro.

Per far fronte allo stress di solito vengono assunti degli stimolanti che servono per fare il pieno di energie, e riuscire di conseguenza a stare al passo con tutti gli impegni che si hanno. Spesso le persone cercano anche di aiutarsi con sostanze contenenti alti livelli di caffeina e nicotina che stimolano l'attività.

Tra i farmaci con prescrizione vengono scelti gli antidepressivi per abbattere lo stress; gli ansiolitici vengono invece utilizzati con lo scopo ultimo di controllare l'ansia e le sue manifestazioni; possiamo distinguere tre gruppi principali di medicinali:

- Oppiacei (endorfine; svolgono un'attività analgesica in situazioni di forte stress), generano felicità. Bisogna fare molta attenzione perché causano assuefazione e intossicazione se si eccede con le quantità assunte.
- Ipnotico sedativi, hanno azione rilassante e sedativa.
- Sedativi vegetativi; vanno ad intaccare il sistema nervoso autonomo, portando a un aumento del tono muscolare (possono incrementare la possibilità di avere convulsioni).

Il controllo volontario delle funzioni corporee vegetative, implica la capacità di gestire zone che normalmente non sono soggette ad un controllo pensato. Questa capacità si chiama biofedback ed è il controllo delle componenti biologiche in forma rotativa. Consente di far fronte sia a funzioni semplici che complesse; in modo diretto che indiretto attraverso la diminuzione dell'ansia.

Un altro motivo che si può ricollegare all'efficacia del biofeedback training è la sua valutazione cognitiva dello stress.

Dato che nessuno stimolo porta allo stress di per sé, ma lo raggiunge a seconda di come il soggetto reagisce, ad esempio se non riusciamo a gestire le richieste a cui siamo sottoposti in determinati momenti, questi ci risulteranno più potenti rispetto alle nostre capacità di superarle, portando così i sintomi dell'ansia a prendere il sopravvento.

Imparare ad individuare e a gestire tali segnali aumenterà la percezione di noi stessi, modificando anche la valutazione che facciamo della situazione, portandoci a considerarla più come una sfida alla nostra portata.

Per allontanare e smaltire lo stress si può ricorrere allo sport e al movimento. Fare attività fisica porta al rilascio di molta energia; permette di scaricare tutte le tensioni accumulate nel corso della giornata.

Una tecnica funzionale è quella del rilassamento muscolare progressivo; un modello che ha come obiettivo quello di riattivare il sistema parasimpatico e di rallentare la iper sollecitazione; ovvero la caratteristica delle persone che convivono con una sensazione di ansia persistente.

Come ogni cosa anche questo metodo di rilassamento ha dei pro a suo favore, e dei contro. Lo svantaggio è che non tutti si trovano bene con questo tipo di metodo, non riescono a rilassarsi e a raggiungere un buon livello di calma interiore; il vantaggio è che può essere utilizzato ovunque e agisce in modo rapido.

58

Il rilassamento muscolare progressivo di Jacobson si va a divide in:

- Forma generale: prevede l'inclusione di tutti i gruppi muscolari
- Rilassamento differenziale: che prevede la considerazione di una sola area dei gruppi muscolari.

Inizialmente il metodo aveva un problema; richiedeva un totale di 56 sedute, con esercizi che impiegavano per lo svolgimento da 1 a 9 ore ogni giorno. In seguito si portarono delle modifiche per renderlo più semplice e pratico, la sua nuova durata è di circa 30 minuti per un totale di 10 sedute.

Il metodo per essere funzionale deve seguire determinate linee guida di svolgimento, vediamo quali sono:

- Allenarsi con costanza e non aspettare più di 4 giorni tra una seduta d'attività fisica e l'altra
- La durata del training deve essere almeno di 30 minuti
- È fondamentale inspirare con il naso ed espirare con la bocca solo quando si sente davvero la necessità di farlo
- Svolgere gli esercizi con la pancia rivolta verso l'alto, supini; tenendo gli arti superiori stesi lungo il corpo e le gambe leggermente divaricate.
- Praticare l'attività fisica in un luogo rilassante e accogliente, non troppo freddo e nemmeno troppo caldo, con luci soffuse e in cui regna il silenzio
- Mettere indumenti comodi

- Non bisogna perdere la concentrazione o essere distratti; sennò non si riuscirà a completare tutto nel modo corretto.

Lo stress non è altro che un insieme di reazioni emotive e fisiche che si vanno a verificare quando si ricevono richieste e stimoli dall'esterno.

La manifestazione dello stress non implica per forza l'esistenza di una situazione negativa; principalmente questa condizione si verifica in seguito a una grande dispersione di energia per potere svolgere tutti i compiti in modo efficiente. Le conseguenze corporee allo stress sono l'innalzamento della pressione cardiaca (tachicardia), tensione muscolare, stati di ansia, depressione stanchezza e affaticamento.

I cambiamenti corporei servono per preparare l'organismo e il fisico a un attacco verso il fattore che genera stress; l'obiettivo è quello di reagire, affrontare e superare il problema in tempi brevi. In questo modo le conseguenze psicologiche e fisiche saranno ridotte.

Se lo stress diventa invasivo, va ad influenzare la quotidianità, e si prolunga per un arco di tempo lungo; si può ricorrere a tecniche di rilassamento efficaci.

Mindfulness significa attenzione consapevole; è una tecniche efficiente per allontanare lo stress dalla mente, concentrandosi solo sul presente e accantonando tutto il resto.

Questo esercizio insegna a guardare ed accettare ciò che succede dentro e fuori il nostro corpo; senza sputare giudizi o critiche inutili. Si impara a mantenere uno stretto rapporto con la realtà e a lasciare andare tutti quei meccanismi che non sono salutari per un percorso di vita sereno.

Il respiro è fondamentale quando si parla di **rilassamento**. È importante fare respiri calmi e profondi; se ci agitiamo il ritmo aumenta fino a diventare spezzato e ad essere accompagnato da una lieve tachicardia. Per riprendere il controllo in un momento di panico è necessario ricorrere alla respirazione diaframmatica, facendo entrare e uscire aria dall'addome come se fosse un palloncino.

Riprendendo il controllo del respiro andranno anche a diminuire i battiti cardiaci, questo porterà a tutta una serie di benefici (mente tranquilla, più sicurezza in se, qualità del sonno migliore).

Parliamo di camminate/passeggiate anche brevi; non è necessario camminare per ore facendo kilometri su kilometri. Ci si deve concentrare sul respiro e sui movimenti del proprio corpo mentre si cammina. Fare questo aiuterà ad allontanare tutti i pensieri negativi e a concentrarsi solo sulle cose del presente davvero importanti.

È una tipologia di allenamento corporeo e mentale, avviene attraverso l'utilizzo di immagini e parole che portano all'induzione di un livello molto profondo, di auto rilassamento.

Comprende diverse tipologie di esercizi, ognuno dei quali ha uno specifico significato che può essere appreso e capito con l'aiuto di un esperto. All'inizio sarà necessario un maestro che insegni la tecnica; dopo di che sarà possibile replicarla in completa autonomia poiché il TA è una pratica individuale che porta a vivere uno stato di autogenia.

I benefici di questa tecnica sono presto evidenti, si impara a rilassare il corpo, a gestire bene il dolore fisico e mentale, si allena la concentrazione e si allontanano paure e ansie.

L'alimentazione è importantissima per il nostro organismo; quello che mangiamo il nostro carburante che ci fornisce energia per andare avanti. Secondo recenti studi c'è uno stretto legame tra pancia e cervello.

Nutrirsi in modo salutare serve per ottenere energia e anche per gestire al meglio le varie componenti dell'organismo (sistema immunitario, nervoso, endocrino).

Quando ci si trova in situazioni di forte stress alcune sostanze nutritive (vitamina B,C, zinco, magnesio, carboidrati complessi) terminano più rapidamente, l'organismo ha quindi bisogno di reintegrarle con una dieta bilanciata e corretta.

E' risaputo inoltre, che la salute dell'organismo dipende dal buon funzionamento di tutti i suoi componenti a partire dalle cellule, che però sono danneggiate dai radicali liberi. Poiché lo stress, così come pasti troppo abbondanti, porta ad avere condizioni di radicali liberi in eccesso, è necessario integrare alla propria dieta elementi che vanno a sopprimerli come le vitamine E, C, A, B1 B5, B6, il selenio ecc…

Quello che ingeriamo giornalmente e il modo i cui lo mangiamo determina la qualità del nostro sistema immunitario e la riattivazione di quello nervoso (che si manifesta quando si ha una reazione da stress); che rallenta la produzione di succhi gastrici e ferma la digestione e l'assunzione degli alimenti mangiati.

Il cortisolo che si produce in condizioni di stress impedisce la formazione del muco gastrico; lo stomaco si auto digerisce

69

causando gastrite (un'infiammazione), che col tempo se non curata può peggiorare e creare ulcere gastriche.

Il disturbo da stress, è quindi causa di molti disturbi collegati alla digestione e allo stomaco (per esempio può provocare ulcere, colon irritabile, intestino pigro, costipazione, intolleranze alimentari ecc…).

Lo stress provoca all'interno dell'organismo l'aumento di adrenalina e cortisolo; aumenta i grassi nel sangue e diminuisce le capacità del fegato di metabolizzarli in modo appropriato. Queste condizioni portano ad un aumento dei grassi nel sangue.

I disturbi alimentari (DCA), sono rappresentati da una serie di malattie ormai diffuse e molto preoccupanti; possono portare ad effetti disastrosi; quali la morte e il suicidio. I più conosciuti sono anoressia e bulimia.

Queste patologie sfruttano il corpo e l'alimentazione per andare a manifestare un disagio che è in realtà ti tipo psicologico. Possono portare anche ad altri tipi di problematiche quali:

- Ansia
- Depressione
- Apatia
- Insonnia
- Instabilità mentale (irritabilità, euforia ecc…)
- Bassi livelli di pensiero e concentrazione

Quando si parla di alimentazione ha una rilevanza importante l'istinto; ma anche la testa. È risaputo infatti, che nell'alimentazione, la componente psicologica è molto presente, in quanto influenzata dalle convenzioni sociali e allo stato emotivo che ci influenza in quel momento. E' perciò lampante la potenziale relazione tra i disturbi da stress e quelli alimentari che possono innescare un pericoloso circolo vizioso, con possibili esiti molto negativi.
Ciò che mangiamo, così come la situazione psicologica che si vive, è in grado di influenzare i principali sistemi di regolazione dell'organismo, che sono quello immunitario, endocrino, nervoso e connettivo.

Perciò possiamo dire che per curare lo stress non è abbastanza riuscire a seguire un'alimentazione corretta e equilibrata, perché dipende anche da altri fattori.

In generale si può dire che lo stress può essere combattuto con una dieta sana, varia ed equilibrata. È consigliabile mangiare molta frutta, verdura verde, carboidrati integrali e legumi; questo perché sono tutti alimenti ricchi di sostanze nutritive ottime.

I pasti dovrebbero essere leggeri e semplici; e dovrebbero essere ingeriti in tranquillità e confort; senza fretta o agitazione alcuna.

Capitolo V

Nella società odierna lo stress da "super lavoro" è visto come una condizione di normalità dalla quale non si può scappare, ma che si può solo accettare.

Una piccola dose di stress può essere molto utile, è uno stimolo, una dose di carburante; che serve per spronarci a lavorare al meglio delle nostre possibilità. Nel caso del bornout non è così.

Un collasso energetico ed emotivo, causato da una quantità eccessiva di lavoro; porta allo sparire della motivazione e mette in pericolo la salute fisica e mentale delle persone.

Ci sono due tipologie di stress:

- l'**eustress**, è un'attivazione psichica che si innesca in momenti di difficoltà. Consente di raggiungere un alto livello di concentrazione e attenzione, e di sfruttare le proprie risorse al meglio, al fine di raggiungere un obiettivo.
- il **distress**, invece viene considerato come la tipologia di stress che porta ad avere un altissimo livello di disagio e che si prolunga per una fascia di tempo ampia. Date queste caratteristiche, il distress implica una **sofferenza sia psicologica, che fisica** che porta a far provare

all'individuo sensazioni di timore, ansia, insicurezza, e paura di non sapere più gestire se stesso e ciò che lo circonda. Può avere inizio nel momento in cui si vivono degli **eventi traumatici**; se ci venisse diagnosticata una grave malattia o un lutto, la perdita del proprio lavoro, un malessere di un amico stretto o di parente oppure dei cambiamenti negativi improvvisi e inaspettati. Capita anche, però, che alcuni cambiamenti che erano programmati e, quindi voluti, causino comunque dei disagi, ad esempio un trasferimento del posto di lavoro, la nascita di un figlio oppure un trasloco, e questo avviene quando non vengono affrontati nella maniera più corretta e ci si fa prendere dall'ansia.

Che cosa è?

La **sindrome da burnout**, che letteralmente significa bruciato, deriva da un'intensa esposizione allo stress causato dal lavoro, nel momento in cui al soggetto vengono affittanti più incarichi di quanto possa effettivamente svolgerne, arrivando così a portarlo ad uno stato di esaurimento.

È una forma di disturbo da stress, che è presente di solito in soggetti che svolgono occupazioni che comportano un consistente coinvolgimento emotivo; per esempio nel caso di medici, assistenti sociali ecc…

Una considerevole difficoltà di adattamento alle novità e ai cambiamenti è ciò che comporta questa situazione. Nel gestire le conseguenze negative l'elemento stressante genera (vulnerabilità, tristezza, sensazione di inferiorità e un peggioramento dello stile di vita in ambito emotivo e relazionale).

Vediamo quali segnali sono da tenere in considerazione quando siamo sotto stress; il burn out si manifesta attraverso sintomi:

- **fisici:** come ad esempio dei problemi alla pelle, intestinali, gastrici, mancanza d'appetito o alimentazione scorretta e poco bilanciata, costante senso di stanchezza, tensione muscolare ecc…
- **psichici:** poca fiducia nelle proprie capacità, e in generale in se stessi; in ciò che si sa fare. Un disinteresse e la sensazione di insoddisfazione, attacchi di panico, impotenza, frustrazione,

ansia, fallimento, mancato interesse, isolamento.

Prevenzione

Il fattore essenziale è riuscire ad acquisire la consapevolezza che in determinati fasi della nostra vita, ciò che stiamo vivendo può richiedere un maggiore sforzo rispetto alla normalità. Sarà quindi necessario capire come reagisce il nostro organismo a queste maggiori richieste.

È fondamentale ricordare che le informazioni che ci arrivano dal corpo sono sempre corrette; perciò se percepiamo anche in piccola parte solo alcune delle sintomatiche sopra indicate; risulterà necessario chiedersi se stiamo utilizzando in modo ottimale ed efficiente le nostre risorse; e se riusciremo a **trovare una spiegazione** agli eventi che stiamo subendo indirettamente.

Bisogna imparare a comprendere e analizzare le emozioni che bloccano l'ambito relazionale, creando conflitti che vanno ad alimentare lo stress con apatia, rabbia e rancore. **Condividere queste esperienze emotive** con le persone che ci stanno care e che ci ascoltano davvero, è fondamentale.

Se si perde il controllo della situazione, è consigliato ricorrere subito all'aiuto e il supporto di un terapeuta o uno psicologo.

È fondamentale imparare, ed insegnare anche ai bambini fin dalla giovane età, a

80

irrobustire le capacità di gestione e accettazione del cambiamento. È importante tollerarle le insoddisfazioni e frustrazioni, creare dei sistemi di difesa e far coesistere la vita emozionale con quella concreta ascoltando la voce interna dell'anima, e creando un equilibrio.

Se la nostra vita privata di tutti i giorni viene costantemente invasa da quella lavorativa, sarà utile riuscire a delineare una suddivisione tra le due; in modo tale da riuscire a prendersi i propri spazi, sia per quanto riguarda le relazioni con amici e parenti, sia per trovare dei momenti in cui rilassarsi e fare ciò che ci rende felici e che ci piace. Sarà inoltre fondamentale scollegarsi da tutti i dispositivi tecnologici che permettono agli altri di interromperci continuamente, non lasciando spazio alle pause.

Infine, in modo tale da **prevenire e affrontare
il burnout** sarà essenziale prendersi cura di
se stessi; stabilendo delle abitudini salutari.

Queste possono essere fare regolarmente
attività fisica, seguire un'**alimentazione sana
e corretta,** coltivare delle relazioni
interpersonali soddisfacenti, limitare l'uso di
metodi considerati "veloci" per riuscire a
ridurre lo stress; come l'assunzione di
bevande alcoliche, di nicotina, l'abuso di
droghe leggere e pesanti (che rischia di
diventare una dipendenza).

In alcuni casi in ambito lavorativo è
necessario riesaminare il nostro

comportamento. Prima di tutto sarà fondamentale chiedersi che cosa ci piace, ci soddisfa, ci rende utili, speciali e, soprattutto, ci motiva. Dopodiché possiamo passare a concentrarci su questi aspetti positivi, su cui è giusto investire le nostre energie al 100%.

Infine bisognerà analizzare quante ore **nel corso della giornata è giusto dedicare al lavoro,** tenendo presente che spesso, anche quando si torna a casa la nostra mente comunque continua a lavorare, non permettendoci di riposare e dormire nel modo corretto.

Perciò, dopo aver fatto tutto ciò, se ci rendiamo conto che il lavoro sta prendendo troppo il sopravvento nella nostra vita, dovremo prendere in considerazione l'eventualità di pensare ad un cambiamento

in positivo per far si di riuscire ad avere una
qualità della vita migliore.

Capitolo VI

Sindrome d'adattamento per combattere lo stress

La sindrome generale d'adattamento, secondo Selye, è una risposta che l'organismo da nel momento in cui è sottoposto a molto astress. (Stimoli fisici: fatica; stimoli mentali: impegno nello studio o lavorativo; stimoli socio ambientali: obblighi posti dall'ambiente sociale).

Lo sviluppo di questa situazione, si articola in tre fasi:

Primo stadio: La reazione d'allarme

La prima fase è divisa in due parti:

1. La fase di shock: il fisico recepisce lo stress, ma non ha ancora analizzato la situazione per trovare un metodo con cui fronteggiarlo, perciò deve ancora decidere che scelte prendere.
2. La fase di antishock: Tutto il corpo reagisce ai segnali di stress iniziando a mettere in moto delle procedure di difesa sia fisiche che psicologiche. Ad esempio si può notare un'accelerazione del battito cardiaco, della pressione del sangue e del tono muscolare.

Solitamente nella risposta fisica viene attivato:

- Immediatamente: il sistema nervoso simpatico, che permette la diffusione e il circolo nel sangue di catecolamine, che andranno in tutto il corpo

- In seguito, dopo alcune ore: l'asse endocrino ipotalamo, seguito dall'ipofisi che consentiranno lo spargersi nel sangue degli ormoni glicoattivi, come ad esempio i corticosteroidi.

Secondo stadio: Resistenza

L'organismo prova a contrastare gli effetti negativi di stress e stanchezza prolungata nel tempo; producendo risposte ormonali da parte di determinate ghiandole endocrine (es. surrenali).

Il riscontro che si ha in seguito, è correlato all'arco temporale d'esposizione, ai sintomi scatenanti, e alla quantità d'energia che è presente nell'organismo.

Terzo stadio: L'esaurimento o Recupero

Se i fattori che provocano lo stress agiscono imperterriti, la persona può restare sopraffatta e raggiungere l'esaurimento; c'è la possibilità che si creino effetti sfavorevoli permanenti per la psiche e la salute mentale.

Se l'organismo riesce invece a eliminare gli effetti negativi causati dallo stress può arrivare a un recupero interiore, e all'eliminazione dei sintomi che lo hanno generato.

Ecco un semplice esempio di risposta:

1. Sottoporsi a un agente che genera stress nel presente, o pensieri di possibili stressor futuri.

2. Individuazione dello stress e accettazione e comprensione del messaggio che trasmette.
3. Modifiche organiche e per cercare di individuare e stare al passo con tutti i problemi.
4. Cercare di risolvere, oppure adattarsi al problema e alle conseguenze che genera

Facciamo un esempio: per adattarsi ad un clima molto rigido (lo stressor), si può scegliere di agire in diversi modi. Possiamo accendere un focolare o indossare abiti più caldi. La scelta dipende da tutta una serie di fattori ambientali, economici e relazionali.

Concludendo; lo stress non è altro che una risposta dell'organismo a una sollecitazione che può avvenire sul piano interno (malattia) o esterno:

- Traumi
- Lavoro
- Scuola
- Cambiamenti importanti nella vita
- Esercizio fisico

Secondo alcuni studiosi piccole quantità di stress possono essere molto utili per aumentare la produttività; è invece chiaro che esserne sommersi è controproducente.

A tutti capita di sentirsi stressati e tesi ogni tanto; persino agli animali.

Lo stress patologico e cronico è invece un'altra questione; può causare problemi a livello mentale e fisico.

Possiamo individuare diverse tipologie di stress:

- Stress di tipo traumatico: si genera in situazione di grave pericolo (incidenti, guerre, disastri climatici). Questa tipologia di stress può generare un disturbo post traumatico.
- Stress generato da improvvisi cambiamenti negativi; come la perdita del posto di lavoro, un lutto, una malattia, un divorzio, una separazione ecc…
- Stress periodici legati alle condizioni dei vari fattori di vita (per esempio temporanei problemi sul lavoro o in famiglia)

Gli esseri umani sono tutti differenti e di conseguenza reagiscono in modo diverso allo stress. Alcuni soggetti riescono a gestirlo e sopportarlo meglio di altri; è quindi fondamentale essere a conoscenza dei propri limiti per evitare di sentirsi male tirando troppo la corda.

I cambiamenti nella vita possono causare stress; possono provocarlo anche eventi molto felici ma che comportano tante responsabilità (come l'arrivo di un nuovo componente della famiglia, o organizzare un matrimonio).

Percepire che si sta perdendo potere nella gestione della propria vita, come nel caso in cui venga diagnosticata una malattia non curabile, può portare a problemi di gestione della situazione; questo genera sicuramente un forte stress che può anche essere correlato a:

92

- Problemi personali (lutti, problemi economici, ecc…)
- Problemi che riguardano la casa (litigi con i vicini, trasloco, problemi di manutenzione, ecc…)
- Problematiche familiari (separazione, divorzio, assistenza di un parente malato, discussioni economiche, ecc…)
- Problemi in ambito lavorativo (licenziamento, disoccupazione, carico lavorativo troppo elevato, pensione ecc…)

In linea generale è fondamentale affrontare di petto le cause scatenanti dello stress; fare finta che un problema non esisti non lo fa di certo sparire. Affrontare subito la situazione è la scelta ottimale. Via il dente, via il dolore. Sfortunatamente non sempre è possibile o semplice affrontare subito la situazione, o il movente che genera stress; in queste situazioni è importante prendere consapevolezza e accettare che non si può fare niente. La cosa migliore arrivati a questo livello è canalizzare le proprie forze ed energie su cose che sono risolvibili e più importanti.

Lo stress va spesso a portare conseguenze sul livello emotivo, comportamentale, fisco e mentale.

Può generare sentimenti emotivi di questo tipo:

- ansia
- frustrazione
- tristezza
- irritabilità
- sopraffazione
- paura

E a livello mentale ci si può sentire:

- preoccupati e ansiosi
- incapaci di concentrarsi
- in una situazione di difficoltà per quanto riguarda la presa di scelte e decisioni.

A livello fisico di manifestano:

- stanchezza cronica
- vertigini
- emicrania e cefalea
- tensione muscolare
- insonnia
- alopecia
- problemi alimentari
- orticaria

Il sintomo viene somatizzato.

Ecco le conseguenze:

- dormire troppo o non dormire affatto
- restare completamente soli
- piangere e disperarsi
- perdere interesse per attività normalmente considerate piacevoli
- eccedere con alcool e fumo
- essere scontrosi
- stare alla larga da soggetti e ambienti che creano problemi

Nel caso in cui, invece, lo stress viene affrontato con spirito positivo, lo si può utilizzare a proprio favore, per esempio se ci permette di focalizzarci prima di presenziare ad una riunione, o per caricarci prima di una partita di calcio; può anche tornare utile in caso di condizioni estreme per cui aumenta le possibilità di sopravvivenza.

- portare i muscoli in tensione,
- aumentare la frequenza cardiaca,
- aumentare il ritmo della respirazione per riuscire a far arrivare maggior ossigeno al cervello e, di conseguenza ottimizzare le proprie capacità.

I pericoli che possono presentarsi quando si subisce uno stress per un periodo di tempo estremamente prolungato o addirittura persistente sono molti. Questa condizione è nociva per la salute del soggetto; che porta il suo cervello a reagire come se fosse in una situazione d'emergenza, mettendo da parte altre funzionalità come:

- quella immunitaria, aumentando la possibilità di prendere infezioni e riducendo la possibilità di risposta degli anticorpi,

- del sonno, peggiorando la qualità del riposo, portando il soggetto a sentirsi spossato e costantemente stanco,
- quella digestiva, portando l'individuo ad avere una pessima digestione e ad essere soggetto a diarrea e/o diminuzione dell'appetito,
- e infine quella riproduttiva, portando all'infertilità

Se la situazione di stress acuto persiste costantemente nel tempo, l'organismo sarà maggiormente predisposto all'insorgere di gravi problemi alla salute, come ad esempio:

- Pressione alta (ipertensione),genera problematiche di tipo cardiaco, tra cui anche infarti,
- Stati di ansia e depressione,
- Ulcere
- Dolori alla schiena con conseguenze riportate in tutto il corpo,
- Mal di testa e forti emicranie,

- E infine potrebbe causare il cancro.

Coloro che vivono situazioni di agitazione nociva, potrebbero essere propensi a provare ad alleviare il loro disturbo attraverso l'assunzione di sostanze illecite, oppure abusando di fumo e alcool. Comportamenti di questo genere potrebbero portare ad un momentaneo sollievo, ma questa sarà solo una sensazione passeggera perché, quando tornerà lo stress sarà anche peggiorato dal fatto che si è diventati dipendenti da quelle sostanze.

Riuscire a gestire e prevenire lo stress non è sempre qualcosa di semplice e fattibile; si possono però mettere in atto alcuni accorgimenti, che aiutano ad affrontarlo a testa alta; per esempio:

- Condividere le proprie difficoltà, sensazioni ed esperienze con le persone che ti stanno accanto e ti vogliono bene,
- Lasciare più spazio per dedicarsi a se stessi, e alle proprie passioni ed interessi,
- Concedersi una vacanza,
- Cercare di nutrirsi seguendo una dieta sana ed equilibrata; praticare esercizio fisico in modo costante,
- Assicurarsi di dormire a sufficienza.

Lo stress può portare a delle brutte reazioni; indirizzare tensione e paura nell'assunzione di alcolici, droga e fumo; può generare un effetto opposto rispetto a quello desiderato. Padroneggiare la situazione sempre è invece l'obiettivo, per impedire che degeneri.

Per far si che ciò avvenga è consigliabile seguire determinate regole come:

1. **Sii attivo**: Lo sport, sarà importantissimo per riuscire a ridurre l'intensità delle emozioni che si percepiscono, permetterà di liberare la mente dai pensieri negativi, consentendole di fronteggiare con grande calma le difficoltà. Si ritiene che essere persone attive possa portare a dei benefici concreti; questo perché grazie allo sport si va ad aumentare il livello di autostima che si a verso se stessi.
2. **Fatti aiutare**: Un aiuto da parte delle persone che ti circondano, amici, colleghi, familiari; può essere fondamentale e fare la differenza per

101

superare le sfide e le difficoltà che la vita pone difronte ogni giorno. Confrontarti con gli altri può aiutarti a vedere le cose in modo diverso, ad affrontare le difficoltà con più facilità. Gli ostacoli diventano uno stimolo e non un blocco. Inoltre non avendo più contatti con il mondo esterno, sarà molto più difficile riuscire ad avere qualcuno con cui parlare e da cui ricevere supporto. Avere delle amicizie è importantissimo per riuscire a trovare un sollievo dallo stress, in quanto si passano dei momenti piacevoli in compagnia, e nel mentre non si fa caso ai propri pensieri negativi.

3. **Tieni la situazione sotto controllo**: Ogni problema ha sempre una soluzione, bisogna però ricordarsi che un atteggiamento passivo non aiuta a trovarla, ma al contrario peggiora la situazione. Infatti se non ci si mette in moto per riuscire a migliorare, la sensazione di impotenza porterà ad

aumentare ancora di più il livello di stress.

4. **Prenditi i tuoi spazi:** E' fondamentale per stare bene riuscire a ritagliarsi dei momenti durante al giornata in cui riposare e magari impiegare qualche sera a settimana per fare ciò che più ci piace.

5. **Sfidati ogni giorno**: Focalizzarsi degli obiettivi e delle sfide, che riguardino l'ambito professionale o quello personale aiuta a migliorare la propria autostima e la confidenza che si ha delle proprie capacità, portando così il soggetto a riuscire a minimizzare il proprio stress. Per affrontare in modo positivo lo stress, senza abbattersi, bisogna essere curiosi e avere voglia di imparare cose nuove; grazie alle capacità che già si avevano e in più con le competenze acquisite, è possibile superare le varie difficoltà con reattività ed efficacia.

103

6. **Vivi in modo sano:** E' essenziale non affrontare lo stress facendo uso eccessivo di alcol e fumo come anestetizzante ai problemi. Dalle statistiche sono principalmente gli uomini a far uso di queste tecniche, mentre le donne tendono ad affrontare il problema diversamente, solitamente parlandone con le proprie amiche o con i propri cari.

7. **Aiuta gli altri**: E' stato provato che aiutare coloro che hanno più bisogno, attraverso il volontariato ad esempio, procuri uno stato di benessere, infatti compiere buoni azioni e aver contatto con persone che hanno problemi più grandi dei nostri può aiutare ad affrontare le nostre sfide con più consapevolezza e analizzandole da un punto di vista differente.

8. **Lavora seguendo delle tecniche più smart**: E' fondamentale focalizzarsi su ciò che è veramente importante, imparando a riuscire a dare il giusto

peso alle cose e dando priorità a determinate attività, piuttosto che altre. Questi comportamenti porteranno anche ad una diminuzione dello stress che si sviluppa in ambito lavorativo.

9. **Cerca di emanare vibrazioni positive:** Focalizzati sempre sugli aspetti positivi dell'esistenza, per i quale vuoi essere grato; spesso l'errore che si compie è quello di non apprezzare a pieno quello che si ha. L'uomo purtroppo ha la tendenza a dare tutto per scontato; mentre in realtà ogni piccola cosa è importante. Cerca di essere ottimista e propositivo sempre. Pensare positivo attira altra positività.

10. **Trova la forza di accettare quello che non puoi cambiare**: Il primo pensiero che viene in mente quando si pensa di voler risolvere un problema è quello di cambiare la situazione, ma in alcuni casi non è sempre possibile, perciò è necessario rimanere visualizzati e concentrati su tutto ciò su cui si può

lavorare e che può permetterci di migliorare

Respirazione e stress

Esistono diverse tecniche di respirazione che mirano a calmare e gestire lo stress, l'ansia e gli attacchi di panico. Questa tecnica può essere messa in atto ovunque e richiede solo poco tempo; continuando a praticare regolarmente questa procedura si riuscirà ad ottenere i migliori benefici; perché diventerà parte delle proprie usanze giornaliere.

Non è importante il luogo; è possibile eseguirla ovunque, si può stare in piedi, seduti, sul letto o ovunque si voglia.

È fondamentale mettersi nella posizione che più ci risulta comoda, indossando abiti confortevoli, che non stringano.

Se si è sdraiati, sarà necessario posizionare le braccia allungate lungo i fianchi, i palmi delle mani aperti rivolti verso l'alto; le gambe possono essere piegate o lasciate distese.

Sarà invece meglio mettere i piedi al suolo e appoggiare le braccia ai braccioli; se si è seduti.

Indipendentemente da quale sia la posizione scelta; sarà necessario portare gli arti inferiori a un'ampiezza pari a quelle del bacino:

1. Fai scivolare dolcemente l'aria in profondità.

2. Risulterà sostanziale espirare attraverso la bocca, ed inspirare dal naso.
3. Inspira lentamente e con regolarità, contando da uno a cinque. Potrebbe risultare molto utile seguire questo processo.
4. In seguito, ripetere il punto sopra se necessario ed espirare.
5. Ripetere l'esercizio per circa 3-5 minuti.

Le conseguenze dello stress sul corpo umano, vanno nel tempo a concentrarsi in modo negativo; perciò risulta essenziale metter in pratica delle tecniche per imparare a gestirle, in modo tale da riuscire a ridurle o prevenirle. Ad esempio è possibile:

- Imparare ad individuare come lo stress risponde attraverso il nostro corpo mandandoci dei segnali; come ad esempio:
  - Insonnia o difficoltà a prendere sonno,
  - Aumento progressivo dell'assunzione di sostanze stupefacenti ed alcolici,
  - Suscettibilità,
  - Manifestazione di un disturbo depressivo maggiore
  - Presenza di una scarsità d'energia vitale.

- Al fine di riuscire a migliorare il livello dell'umore, può risultare fondamentale svolgere esercizio fisico con costanza; non è necessario spendere ore in palestra, può andare bene anche fare una camminata di mezz'ora al giorno per riuscire a ridurre lo stress.
- Potrebbe essere molto utile cimentarsi in sport come lo yoga o la meditazione; perché permettono di ricavare un momento per rilassarsi.
- Prefissarsi obbiettivi. Imparare per prima cosa a dire dei "no" a tutto ciò che non è possibile gestire; dare la priorità ad un'attività, piuttosto che un'altra.
- Apprendere che è necessario riuscire a concentrarsi su ciò che è stato completato, e non sui propri insuccessi e su ciò che non si è avuto il tempo di concludere.

Lo step seguente, consiste nel puntare, quando possibile, a sviluppare resilienza agli ambienti esterni. Questo termine può assumere, in base al contesto, diversi significati:

- L'attitudine di un materiale di assimilare energia di deformazione dopo l'avvenimento di un urto (in ambito ingegneristico)
- Può essere considerata come la facoltà di un materiale vivente di auto sistemarsi a seguito di un danno (parliamo di ecologia e biologia)
- Un sistema capace di adeguarsi ai limiti di utilizzo (in ambito informatico).

La resilienza in termini psicologici, è l'abilità dei soggetti di adattarsi a una tipologia di situazione non buona e disastrosa, in modo tutto sommato positivo. È una dote che permette di sopravvivere a testa alta nei momenti di forte stress, senza farsi intaccare o buttare a terra.

111

È possibile trasformare la motivazione che genera stress in un'opportunità; viene anche coniato il termine anti-fragile per indicare la capacità di resistenza alle avversità. L'imparare ad affrontare problemi rendendoli fonte di apprendimento è una caratteristica che risale a tempi antichi; alla base dell'evoluzione naturale. È sicuramente un traguardo molto difficile da raggiungere, ma col tempo e la pratica sarà possibile ottenere successo da qualcosa di negativo.